APPERÇU

SUR LES CAUSES

QUI ONT DÉGRADÉ L'ESPRIT PUBLIC EN ITALIE,

ET SUR LES MOYENS DE LE RELEVER.

L ES peuples étoient, depuis long-tems, fatigués de la tyrannie ; mais ils étoient plongés dans le silence de la mort politique ; ils n'osoient espérer, ils ne se doutoient même pas d'un plus heureux avenir. Les écrits des philosophes de notre siècle, et quelques traits de l'ancienne histoire des peuples libres, qu'on a conservés, et présentés sous un nouveau jour, ont élevé les esprits à de nouvelles espérances : la révolution française a eu lieu ; fondée sur les principes de l'éternelle justice, elle s'est attiré les vœux de tous les hommes de tous les pays, qui n'étoient pas assez corrompus pour ne pas désirer le bien ; ses ennemis même n'avoient d'autre manière de s'y opposer, qu'en déclarant que de si belles institutions n'étoient point faites pour des hommes. Cet exemple inoui d'avoir voulu mettre en pratique le droit exact, la pure raison, la douce humanité, étoit infiniment intéressant, et on étoit impatient de voir quels en auroient été les résultats. Rien ne pouvoit altérer la jouissance des douces illusions que cette révolution avoit données aux hommes de bien, si ce n'est l'inquiétude qu'elle ne pût pas atteindre le port, et la contrainte où l'on étoit continuellement par la nécessité de cacher ses désirs aux yeux des tyrans. Les peuples ont commencé à sentir le fardeau qui les accabloit, et ont soupiré après ces changemens.

L'Italie, par sa proximité, par ses rapports commerciaux, par l'affinité de la langue, par l'habitude établie de recevoir avec empressement tous les livres français, par le progrès des sciences, par l'absence de l'orgueil national vis-à-vis de la nation française, a dû en ressentir la plus grande influence. Le fanatisme seul cherchoit à la défigurer, mais l'intérêt parloit aux yeux des peuples plus fortement que la superstition. Ses habitans, faciles par caractère à prendre de l'enthousiasme, ont appelé mille fois, par les vœux les plus ardens, au milieu d'eux les phalanges républicaines. Des anciens souvenirs se réveillèrent, les peuples ont réfléchi, pour la première fois, après bien des siècles, sur la différence de ce qu'ils ont été jadis, & de ce qu'ils sont devenus; le nom de république ne fut, dans aucun tems, étranger, & a été toujours cher aux Italiens. Des conspirations républicaines se forment depuis Turin jusqu'à Palerme, & le sang des patriotes coule de toutes parts sur les échafauds, une grande partie gémit dans les cachots. Quelle étoit donc la cause de cette conspiration universelle de tous les hommes de bien de ce pays, en faveur d'une révolution opérée par une nation étrangère, si ce n'est l'amour de ce bien universel, qu'on avoit en vue, qui leur faisoit sacrifier leur fortune, leur liberté individuelle, leur tranquillité, leur vie ? Après bien des combats, l'armée française victorieuse, franchit les Alpes, et s'avance dans la plaine de la Lombardie. Tous les militaires, et tous ceux qui étoient à la suite de l'armée, peuvent attester avec quelles démonstrations de joie ils ont été reçus; le plus grand enthousiasme qui, sans doute, ne se commande pas, s'est manifesté en public, et l'hospitalité la plus amicale a été exercée dans les foyers des particuliers envers les sol-/ dats français. Avec quel plaisir n'ont-ils pas fourni aux premiers besoins de l'armée ? avec quelle unanimité les hommes honnêtes de toute espèce ne se sont-ils pas lancés dans la carrière de la révolution ? Vivres, argent, armes, effets d'équipement, tout a été fourni avec un empressement que ne commande sans doute pas la peur. Tout le monde bénissoit sincèrement l'arrivée des Français dans le pays, exceptés les fanatiques irréconciliables, les nobles orgueilleux, et les méchans de toute espèce. Le peuple ignare même ne parloit que de république, et s'occupoit pour la première fois des grandes destinées de la nation.

Dans le moment actuel, l'état des choses a bien changé : à l'approche de l'ennemi, les peuples de l'Italie ou sont restés indifférens, ou ils se sont insurgés contre les troupes françaises et les patriotes. Une partie seulement a pris les armes pour défendre de concert avec eux la cause de la liberté. Quelles sont les causes qui ont pu opérer un si étrange changement ? C'est ce que nous allons examiner avec cette impartialité qui caractérise les amis de la vérité.

Une des premières fautes qu'on a commis en Italie, est de n'avoir pas suivi le génie de la nation. On a voulu faire dans ce pays une révolution française, au lieu d'y faire une révolution italienne. Les patriotes même italiens sont coupables de cette inconséquence ; on y a répandu les idées, les modes, les manières, et jusqu'aux caprices de la révolution française ; et, malgré que les politiques aient démontré jusqu'à l'évidence, que chaque peuple a son génie particulier, et qu'il lui faut une forme de gouvernement propre, on a donné aux différentes républiques nouvelles en Italie la constitution française : en général, les nations n'aiment pas à recevoir les lois du vainqueur, ne fût-ce que parce qu'il est vainqueur ; et on peut croire que les Italiens auroient reçu de la main des Français beaucoup plus volontiers tout autre constitution, qui ne fût pas la leur. Certainement les noms de conseils, de directoire, etc., ne disent rien aux cœurs des Italiens, tandis qu'on en auroit pu trouver de très-éloquens. Les statues de Brutus et de Caton étoient muettes à Constantinople, où elles avoient été transportées ; la constitution française l'est en Italie. On a senti cette faute, et on a voulu l'éviter dans l'organisation de la nouvelle république romaine, mais on en a commis une autre plus grave ; c'est qu'en ayant donné des noms anciens, aux autorités constituées actuelles, qui n'ont rien de commun avec celles de l'ancienne république romaine ; savoir celui de tribunat au conseil des jeunes, de sénat aux anciens, de consulat au directoire, on a procuré, par des choses indifférentes, indifférence, ou même aversion à des dénominations qui étoient faites pour donner de l'enthousiasme. Il est vraiment inconcevable qu'on se soit servi si mal-à-propos de pareilles dénominations. Comment ne s'est-on pas apperçu que la chose auroit bientôt fait oublier l'ascendant du nom, et qu'on auroit senti de suite cette espèce de ruse politique ? Il faut sans doute que l'Italie ait une constitution fondée sur les principes du systême représentatif ; mais il faut aussi qu'elle soit d'une forme tout-à-fait différente, et qu'elle s'approche, autant que les mêmes principes peuvent le comporter, de la constitution de l'ancienne république de Rome. On ne peut pas imaginer quelle contension d'esprit, quel enthousiasme inspireroit aux Italiens l'exécution d'un pareil projet.

Cependant, plût au ciel qu'on eût conservé intacte la constitution telle qu'elle étoit, d'une de ces républiques ? Mais les changemens qu'un agent du gouvernement français y a faits depuis peu, a appris aux Cisalpins, que la liberté pour eux n'étoit qu'un vain nom, et qu'ils n'avoient point de volonté. Sans entrer dans le mérite de cette réforme, il est pourtant certain que le mode en a été violent et scandaleux, et qu'il a singulièrement révolté tous les bons républicains : la dégradation de l'esprit public date principalement de cette époque, qui a été une véritable calamité publique pour toute l'Italie ; car, si on violoit aussi ouvertement les principes vis-à-vis d'une république, qui avoit été déja reconnue par plusieurs puissances de l'Europe, et avec laquelle la république française traitoit comme de puissance à puissance, qu'avoit-elles à espérer, que n'avoit-elles pas à craindre les autres républiques de l'Italie ? Les Romains envoyoient des proconsuls dans les provinces pour traiter les peuples en esclaves; mais au moins, ils ne s'obligeoient à rien, et ne garantissoient rien. Tous les bons républicains, depuis l'époque de cette fatale réforme, ont été écartés de tous les emplois, et leurs ennemis ont été mis à leur place. La preuve certaine de cette assertion est, qu'à l'approche des Autrichiens, les premiers se sont sauvés, et ceux-ci sont restés pour la plupart ; même quelques-uns d'entr'eux n'ont pas eu la patience d'attendre qu'ils entrassent dans les murs de Milan pour les aller trouver ; mais ils sont allés au-devant d'eux, comme, par exemple, le ministre Pioltini.

Quand on veut élever un peuple à la dignité d'un peuple libre , il faut commencer par l'estimer , et lui inspirer de l'amour propre : on a fait tout le contraire, relativement aux Italiens : comment auroient-ils conçu de l'élévation d'ame : comment auroient-ils conservé leur confiance, leur attachement pour les Français, si le moindre commissaire ou agent quelconque , un vivrier etc., etc., se permettoit de se moquer de leurs autorités constituées, de maltraiter même, et d'insulter les individus ? Cependant ces scènes ne se sont que trop fréquemment renouvellées.

Un peuple armé est nécessairement plus élevé qu'un peuple désarmé ; cependant les commandans français, au lieu de s'occuper de former des corps armés italiens, d'organiser les gardes nationales des différentes villes, ont voulu désarmer tous les pays où ils ont été. Cette méfiance, qui n'a pu inspirer aucune confiance aux Italiens, a été très-nuisible aux deux pays. On a cherché de toute manière à avilir la garde nationale de Milan ; on l'a insultée , et on lui a pris deux fois les fusils par réquisition. A Turin, on a toujours écarté , sous différens , prétextes une bonne organisa-

tion de la garde nationale, qui auroit pu rendre les plus grands services. Deux fois l'ordre
a été donné de désarmer la garde nationale
de Bologne ; elle s'est refusée, et s'est même
opposée avec la force à cette mesure ; ce n'est
qu'à leur énergie, que les braves Bolonais doi-
vent la conservation de leurs armes, qu'ils
emploient dans ce moment contre l'ennemi
commun, en combattant courageusement à
côté des Français. Où sont les patriotes, où
sont les corps italiens, commandés par des patriotes, qui aient tourné leurs armes contre
les Français ? Le désarmement est toujours
inutile et dangereux, parce que les bons
citoyens seuls rendent les armes, les mauvais
les gardent ; ce qui est démontré par l'expé-
rience ; car, malgré le désarmement prescrit
antérieurement des pays actuellement insurgés, les rebelles ont trouvé des armes. Il ne
falloit pas opérer un désarmement universel ;
mais il falloit former en corps armés les patriotes et les gardes nationales des communes
bien intentionnées, en mettant à leur tête des
hommes reconnus par leur patriotisme et leur
fidélité.

Nous parlerons maintenant d'un cause très-
importante qui a perdu la plus grande partie
des agens du gouvernement français dans l'es-

prît des Italiens, et qui les a indisposés contre eux, et même contre la révolution qu'on y a opérée. Elle est celle des dilapidations sans exemple qui ont entraîné nécessairement des extorsions odieuses sans nombre : il est certain que si on avoit usé économiquement de l'argent et des autres ressources qu'on a tirées de l'Italie, il y avoit de quoi faire la guerre pendant dix ans : cependant l'armée n'a jamais été au courant, et le soldat attendoit toujours long-tems ce qui lui étoit dû. La seule Cisalpine, depuis l'entrée des Français, a payé 280 millions en numéraire effectif ; et, malgré le traité d'alliance en vertu duquel, moyennant 18 millions, qu'elle devoit payer pour l'entretien de 2500 hommes à la France, elle devoit être exempte de toute espèce de prestation : malgré, dis-je, ce traité, ses caisses étoient continuellement vuidées, des contributions mises sur plusieurs villes, et des fournitures de tout genre exigées ; de sorte qu'il ne lui restait plus de moyens de payer et d'entretenir ses troupes, qui étoient dans le plus grand dénuement. Le Piémont, depuis l'époque de sa révolution, a fourni seul, en argent comptant, armes, vivres et effets d'équipement, plus de 30 millions en trois mois. Les mêmes exactions, et peut-être plus grandes encore, ont été faites dans la Romagne.

Toutes ces vexations énormes qu'on exerçait ordinairement avec une morgue et des manières dures, vraiment dignes des concussionnaires, ont indisposés toutes les classes des citoyens, et sur-tout le peuple qui n'avoit trouvé dans la révolution qu'une plus grande misère, et moins d'égards encore pour ses malheurs passés et présens.

Que dirons nous des monts-de-piété volés impunément; de l'argenterie des églises enlevée, dont on promettoit effrontément de rendre le tiers au bénéfice du public, et qu'on n'a jamais rendu; des sommes extorquées par des commissaires à des particuliers, pour leur sauver quelques tableaux précieux, ou d'autres propriétés menacées; des nombreuses requisitions de toute espèce, faites aux municipalités par des hommes qui se faisoient payer ensuite par la république, comme s'ils avoient fourni eux-mêmes? en un mot, jamais on n'a vu un pareil débordement d'immoralité, et tant de vexations exercées au nom de la liberté, qu'on dénigroit aux yeux des peuples par une conduite aussi odieuse. Il est résulté de ce système scandaleux, que les peuples ont conçu de l'aversion pour la liberté, dont ils n'ont connu que le nom. Les peuples de l'Italie ont été témoins d'un spectacle bien déchirant, et bien propre à les aliéner du système qu'on leur avoit apporté, celui du luxe insultant des employés de l'armée, et de la misère extrême du soldat, des vices scandaleux de ceux là, et de la vertu sublime de celui-ci ; enfin, jamais on n'a abusé aussi impudemment des mots les plus sacrés et les plus chers à l'humanité.

Parmi les causes qui ont contribué à ce que l'esprit public en Italie n'a pas été relevé, autant qu'il l'auroit pu, on doit aussi compter celle de l'avoir divisée en petits états. Cette division tuoit l'esprit public, et ne donnoit point d'amour-propre national. Les patriotes, disséminés sur toute la surface de l'Italie, travaillant pour telle ou telle section seulement, ne pouvoient pas avoir cet essor sublime que donnent les grandes opérations, et il falloit soustraire de l'esprit national de chacun de ces petits états, et de leur amour pour le bien de tous, tout ce qu'emportoient les petites jalousies entre les uns et les autres. Pour le dire en une seule phrase, le mot d'Italien auroit dit quelque chose à tous les Italiens, indistinctement, Lombards, Toscans, Romains, Napolitains, au lieu que le mot de Cisalpin n'est presque rien pour des Napolitains, etc. etc. etc.

Telle a été la conduite qu'on a tenue en Italie ; les résultats ne sont que trop connus : faudra-t-il donc l'abandonner au pouvoir des barbares ? cette cession pourroit avoir les suites les plus funestes pour l'existence même de la république française. Les projets des deux cours impériales et de l'Angleterre sont bien manifestés ; elles veulent abfolument détruire le système représentatif établi en France ; si l'Italie est une fois à la disposition de ces puissances, il ne tiendra qu'à elles de lui donner telle forme de gouvernement qui leur plaira ; elles lui donneront la forme qu'elles croiront la plus convenable à leurs intérêts, et la plus contraire à ceux de la république française. Si l'empereur se l'approprioit, ou en entier, ou en grande partie, il deviendroit une puissance prépondérante et terrible ; s'il y mettoit des princes entièrement dévoués à ses ordres, ce seroit encore à-peu-près le même inconvénient. Les victoires peuvent faire naître à ces deux cours ambitieuses le dessein, si elles ne l'ont pas depuis long-tems, de faire renaître les deux empires de l'Orient et de l'Occident ; et l'occupation de l'Italie seroit déja un grand pas vers ce but. Que deviendroit alors la France; que deviendroient les autres peuples de l'Europe ? que deviendroient les sciences, les lumières, la liberté ? nous retomberions dans les siècles de barbarie.

En vain, tâcheroit-on d'ôter aux Anglais le commerce des Indes Orientales, qui a donné constamment les richesses de l'univers à ceux qui l'ont exercé exclusivement, si on laissoit l'Italie gémir sous le joug de la tyrannie. A quoi serviroit-elle, la possession des îles de Malthe, de l'Archipel, et la colonie d'Egypte, s'il n'y avoit pas une étroite alliance avec cette vaste péninscule qui, par sa position et ses ports sans nombre, offre un abri sûr aux vaisseaux qui voyagent dans la Méditerranée ? N'est-il donc pas de l'interêt de la France d'y établir, sous les auspices de la liberté, un gouvernement qui la rende par-là son alliée naturelle, et en forme un boulevard contre les progrès que l'ambition de la Russie menace ouvertement de faire dans les mers du midi ? Les républiques françaises et italiques, étroitement liées par un traité de commerce bien entendu, et fondé sur les bâses de l'intérêt réciproque des deux nations, pourroient exercer exclusivement le commerce de la Méditerranée, qui n'est ni si dispendieux, ni si difficile, mais également lucratif que celui des Indes , et la France n'auroit plus besoin de disputer le dernier , au prix de tant de sacrifices , aux Anglais.

La position géographique de l'Italie fait qu'une fois entièrement débarrassée des tyrans, elle sera hors de crainte de leur part , et toujours en état de prendre en flanc la maison d'Autriche, le plus puissant ennemi de la France sur le continent. La communication par la voie de Trieste avec les peuples Slaves, peut bien , avec le tems, faciliter la révolution dans ces pays et dans la Grèce entière. Alors , quand même les peuples du Nord fussent encore plongés dans les ténèbres de l'ignorance, et comprimés par le plus affreux despotisme, le midi de l'Europe , fort de la grande ligne du Rhin et des Alpes , maître absolu de l'Archipel et de la Méditerranée , n'auroit plus rien à craindre de ce côté-là, et on verroit , à l'ombre de l'olivier , naître dans ces pays l'heureux règne de la philosophie et de la raison. Les peuples d'Italie , malgré le fanatisme dont il est aisé de les débarrasser , sont très-propres par leur imagination ardente, à embrasser avec enthousiasme les principes métaphyfiques de la révolution ; mais, si on se bornoit aux Alpes ; si on laissoit la maison d'Autriche s'emparer de ces belles contrées , elle sauroit bien en tirer parti pour rompre la balance de l'Europe ; et le peuple français, livré à lui même, malgré ses progrès dans la carrière de la raison et de la philosophie, ne pouvant éviter l'influence des autres pays environnans, retomberoit tôt ou tard sous le joug des préjugés et de l'ignorance.

Si l'Italie est abandonnée au pouvoir des alliés, ils y rétabliront le pape, et tout le foyer de superstition qui en dépend. Les prêtres s'efforceront d'autant plus de répandre et de soutenir la superstition, qu'ils ont été à la veille de perdre toute leur influence. Il est tems enfin d'étouffer entièrement ce monstre, et de prévenir par-là tous les maux affreux qu'il a faits au genre humain. Jamais on n'a eu une si belle occasion pour achever cette sainte œuvre qui a été déja commencée par l'expulsion du pape de l'Italie ; au contraire, si par l'établissement du gouvernement républicain dans toute l'Italie, il est pour toujours tenu éloigné de ce pays, il ne pourra plus exercer cette influence qu'il a toujours eue, pendant qu'il étoit dans son siège, et il finira par la perdre entièrement. L'humanité outragée depuis long-tems par des prêtres insensés et fanatiques, exige absolument une pareille mesure.

La république française peut avoir des alliés par intérêt ; mais elle n'en aura jamais par opinion d'autres que les états républicains. Il y a une lutte d'opinion entre la république et les états-monarchiques. Il faut donc qu'elle se fortifie en s'entourant de républiques ; mais il faut qu'elle les place sur les pays les mieux disposés, parce qu'ils recevront sans contraste cette espèce de gouvernement, et sur les pays qui n'appartiennent pas directement à de grandes puissances, où bien qui sont éloignés du centre de leur gouvernement, parce qu'ils les céderont plus facilement, et consentiront de meilleur gré à ce qu'ils soient organisés en états républicains. Quel autre pays se trouvet-il dans cette situation par rapport à la France et à ses ennemis, si ce n'est l'Italie ? Au contraire, si la France abandonnoit ce pays intéressant au pouvoir de l'Autriche, elle auroit à ses côtés un ennemi formidable, et perdroit aux yeux de tous les peuples cette influence d'opinion qu'elle avoit acquise, et qui lui a facilité de si grands triomphes.

Dans la guerre actuelle il ne convient ni au caractère, ni à la force des Français, ni à l'opinion qu'ils ont inspirée de leur courage et de leurs moyens, de se tenir sur la défensive. Il faut donc attaquer l'ennemi, et il faut l'attaquer du côté de l'Italie, où les Français ont de nombreux amis ; des hommes qui, d'après le caractère qu'ils ont déployé, n'ont d'autre ressource que dans la révolution de leur pays ; où enfin ils ont des places fortes à conserver, des garnisons nombreuses à sauver.

Mais, lorsqu'on aura reconquis l'Italie, il faudra y tenir une conduite bien différente. Il faudra y relever l'esprit public, mettre un frein aux dilapidations, et se proposer en entrant, un but qu'on devra remplir de bonne foi. Ce but doit être de persuader aux Italiens, qu'on veut véritablement leur apporter la liberté. Deux ou trois grandes mesures peuvent sauver l'Italie, et donner aux Français 150 mille hommes de troupes fidèles et courageuses de cette nation.

1°. Déclarer que quelques agens français, contre les intentions et les ordres exprès du gouvernement, se sont permis des vexations odieuses, qu'il contiendra à l'avenir par la surveillance la plus exacte, et par les peines les plus sévères.

2°. Aussitôt que les austro-russes auront été repoussés jusqu'à l'Adige, inviter toutes les provinces d'Italie à envoyer leurs députés à Florence ou à Rome, pour y former une convention nationale italique ; et que le corps

législatif de la république française déclare
solemnellement que les Italiens sont parfaite-
ment libres de sé donner telle constitution ré-
publicaine qu'il leur plaira.

Ces députés devront être nommés, pour la
première fois, par les municipalités, qu'on
aura eu soin de composer de patriotes aussi
sages que fermes, et jouissant aux yeux du peuple d'une bonne réputation.

Il seroit même bon de laisser appercevoir
l'idée d'une convention italique et de la liberté absolue des Italiens ; d'adopter telle espèce de constitution qui leur paroîtra la meil-
leure, dès les premiers pas de l'armée en
Italie.

3°. Intimider, par des mesures sévères,
tous les ennemis de la liberté, et les écarter
de tous les emplois, soit civils, soit militaires ;
punir sévèrement tous ceux qui se sont mon-
trés contraires dans ces dernières circonstances,
à la régénération du peuple ; appuyer et proté-
ger fortement les patriotes.

4°. Aussitôt que, par de pareilles mesures,
on aura inspiré de l'enthousiasme aux Italiens,
faire des levées d'hommes, qu'on devra organiser d'une manière tout-à-fait nouvelle, et

la plus propre à inspirer de plus en plus l'esprit national et le courage républicain.

Quelle gloire pour le peuple français, s'il relevoit une république italique, qui , sans avoir l'esprit de conquête de la république romaine, en eût pourtant toutes les vertus, et qui fût fondée sur les bâses du contrat social ! Le seul moyen de faire pencher la balance de l'Europe en faveur des états républicains , et d'enlever aux états monarchiques la prépondérance qu'ils ont depuis si long tems , est de former de l'Italie une seule république étroitement liée par la forme de sa constitution politique et par ses principes , à la république française. Si on la laisse au contraire dans les mains d'un seul prince , sa puissance deviendroit formidable pour la liberté ; si on la partage en autant de petits états monarchiques , ils favoriseront toujours l'empereur et toutes les puissances ennemies par ambition et par principes de la république. Si on la divise enfin en autant de petits états républicains , ils deviendront très aisément la proie de la maison d'Autriche , laquelle acquerra par-là une grande quantité de force , sans avoir eu beaucoup de difficultés à vaincre. L'idée de vouloir partager l'Italie en plusieurs petites républiques , dans l'intention de les te-

nir dans la dépendance, est une idée illibé-
rale, servile et indigne du peuple français.

Faut-il réfuter l'idée de ceux qui pensent
que la république italique pourroit rivaliser
de puissance avec la république française ?
D'abord l'Italie n'a que la moitié de la popu-
lation de la France dans ses nouvelles limites.
On pourroit très-facilement, par quelqu'article
de leurs lois constitutionelles, les lier si bien
ensemble, qu'elles puissent prévenir toute espèce de dissention entr'elles, en établissant des
moyens constitutionels pour composer tous
les différens qui pourroient survenir. L'exemple de Rome et de Carthage, et de quelques
autres républiques grecques et italiennes ne
doit point nous arrêter. Car, les principes des
gouvernemens de ces républiques étoient bien
différens de ceux de la république francaise
et de l'italique. Les principes des premiers
étoient fondés sur l'esprit de conquête et d'a-
grandissement ; ceux des derniers sur l'esprit
de paix et d'humanité : d'ailleurs, leurs gouvernemens aristocratiques devoient nécessairement les porter à la conquête, et par conséquent à la guerre ; parce que les familles,
dans les mains desquelles le pouvoir se perpétuoit, devoient regarder la république
comme leur apanage, et conséquemment

tâcher toujours de l'agrandir. Cet inconvénient ne peut pas avoir lieu à l'égard des républiques modernes, dont le système représentatif fait que le gouvernement, changeant
souvent de personnes, doit aussi nécessairement changer d'esprit, et ne peut pas avoir
un système suivi d'ambition et d'envahis-
sement.

Par conséquent, ceux qui se trouvent avoir
momentanément les rênes du gouvernement
en leurs mains, ne peuvent pas être tentés
aussi fortement d'entreprendre des conquêtes,
connoissant bien qu'ils ne pourroient pas les
achever, ou que même leurs successeurs les
abandonneroient. Si la république italique pouvoit, dans le laps du tems, oublier la recon-
noissance qu'elle devroit à la république française, ce qui seroit pourtant impossible ; si
on perpétuoit le souvenir du bienfait par des
fêtes publiques ; par des monumens somp-
tueux, par des actes solemnels du gouvernement, à chaque année, elle ne pourroit jamais
oublier ses intérêts. Car, dans aucuns tems,
elle ne pourroit avoir d'autre allié naturel que
la république française ; et il est évident qu'en
combattant contre celle-ci, elle combattroit
contre elle-même ; qu'elle diminueroit sa force
contre les tyrans, cet ennemi irréconciliable

de tous les états républicains , d'autant qu'elle diminueroit celles de la république française. Les victoires de la république italique sur la française, ou de la république française sur l'italique, seroient pour l'une et pour l'autre des véritables défaites ; au contraire , quel accroissement de puissance pour la république française , ne seroit-elle pas l'alliance naturelle et nécessaire de la république italique ? Quelle puissante barrière n'opposeroient-elles pas aux projets homicides des barbares du nord ? Quel heureux avenir ne présenteroient-elles pas les vertus renaissantes des anciens Romains , à côté de celles que les Français d'aujourd'hui ont montrées ? l'exemple de la vertu un peu âpre , et par fois trop sévère de ces anciens héros , dont le germe n'est pas éteint dans le cœur des Italiens, et qui, sans doute, se développeroit à l'ombre d'un gouvernement républicain et national , n'est-il pas nécessaire, pour prévenir les effets de la frivolité et de la dissipation des hommes de nos jours ? La réunion de ces deux puissantes républiques par leur extrême prépondérance , et par la crainte qu'elle inspireroit nécessairement à tous les autres états, ne seroit-elle pas capable de les contenir dans le respect, et assurer par-là la paix perpétuelle que l'ambition des rois a

renvoyée jusqu'à nos jours au rang des chi-
mères d'un homme de bien ? Réunies par des
liens indissolubles, elles pourroient comman-
der à leur gré la paix, ou la guerre; ce que
la seule république française, toute puis ante
qu'elle est, livrée à elle-même au milieu de
tant d'ennemis, ne peut pas faire.

F I N.

<hr>

De l'Imprimerie de MOUTARDIER, Quai des
Augustins, N°. 28.